中国文化知识读本
Zhongguo Wenhua
Zhishi Duben

黄帝陵

主编 金开诚

编著 何文上

吉林出版集团有限责任公司

吉林文史出版社

图书在版编目（CIP）数据

黄帝陵 / 何文上编著 . 一长春：吉林出版集团有

限责任公司：吉林文史出版社，2009.12（2022.1 重印）

（中国文化知识读本）

ISBN 978-7-5463-1543-0

Ⅰ . ①黄… Ⅱ . ①何… Ⅲ . ①黄帝－陵墓－简介

Ⅳ . ① K878.8

中国版本图书馆 CIP 数据核字（2009）第 222435 号

黄帝陵

HUANG DI LING

主编/ 金开诚　编著/何文上

责任编辑/曹恒　崔博华　责任校对/梁丹丹

装帧设计/曹恒　摄影/金诚　图片整理/董昕瑜

出版发行/吉林文史出版社　吉林出版集团有限责任公司

地址/长春市人民大街4646号　邮编/130021

电话/0431-86037503　传真/0431-86037589

印刷/三河市金兆印刷装订有限公司

版次/2009 年 12 月第 1 版　2022 年 1 月第 5 次印刷

开本/ 650mm×960mm　1/16

印张/8　字数/30千

书号/ISBN 978-7-5463-1543-0

定价/34.80元

关于《中国文化知识读本》

　　文化是一种社会现象，是人类物质文明和精神文明有机融合的产物；同时又是一种历史现象，是社会的历史沉积。当今世界，随着经济全球化进程的加快，人们也越来越重视本民族的文化。我们只有加强对本民族文化的继承和创新，才能更好地弘扬民族精神，增强民族凝聚力。历史经验告诉我们，任何一个民族要想屹立于世界民族之林，必须具有自尊、自信、自强的民族意识。文化是维系一个民族生存和发展的强大动力。一个民族的存在依赖文化，文化的解体就是一个民族的消亡。

　　随着我国综合国力的日益强大，广大民众对重塑民族自尊心和自豪感的愿望日益迫切。作为民族大家庭中的一员，将源远流长、博大精深的中国文化继承并传播给广大群众，特别是青年一代，是我们出版人义不容辞的责任。

　　《中国文化知识读本》是由吉林出版集团有限责任公司和吉林文史出版社组织国内知名专家学者编写的一套旨在传播中华五千年优秀传统文化，提高全民文化修养的大型知识读本。该书在深入挖掘和整理中华优秀传统文化成果的同时，结合社会发展，注入了时代精神。书中优美生动的文字、简明通俗的语言、图文并茂的形式，把中国文化中的物态文化、制度文化、行为文化、精神文化等知识要点全面展示给读者。点点滴滴的文化知识仿佛繁星，组成了灿烂辉煌的中国文化的天穹。

　　希望本书能为弘扬中华五千年优秀传统文化、增强各民族团结、构建社会主义和谐社会尽一份绵薄之力，也坚信我们的中华民族一定能够早日实现伟大复兴！

目录

一　黄帝陵.............................001

二　帝陵传说.............................019

三　轩辕黄帝其人.............................077

四　黄帝传说.............................083

五　炎黄子孙的传说.............................097

六　黄帝的文化贡献.............................101

七　宗教中的黄帝.............................105

八　旅游胜地.............................115

一　黄帝陵

相传黄帝陵是中华民族始祖轩辕黄帝的陵园

中华民族上下五千年的文明史，如一个梦一般、谜一样的传说，一直萦绕在我们的心头，在炎黄子孙脑海中刻下了永久的印记。今天，传说中五帝之首的轩辕皇帝陵园的发现终于揭开了历史的新一页，使我们对于我国古代源远流长的上古记忆有了更进一步的新认识。

（一）黄帝陵的来历

黄帝是我国原始社会末期一位伟大的部落首领，是传说中开创了中华文明的祖先。相传他用玉做兵器，发明创造了舟车弓矢；他的妻子教会妇女养蚕取丝；在他统治期间，史官仓颉始创文字；大臣大挠发明了干支历

黄帝陵园最早建于秦代

法；乐官伶伦制作出了乐器。黄帝采铜铸鼎，宣告了石器时代的结束，并掀开了青铜时代的序幕。我国后来能巍然屹立于世界四大文明古国之列，与黄帝的高功殊勋是密不可分的。

黄帝还以他惩恶扬善并首次统一中华民族的丰功伟绩而载入史册。据《史记封禅书》记载，古时荆山一带灾情严重，轩辕皇帝从昆仑山来到荆山查看。为炼仙丹给百姓治病，黄帝采首山之铜，汲湖中之水，铸鼎于山下。到此祭祀拜祖的后人络绎不绝。现已修复了象征天神、地神和祖宗的三尊大铜鼎。"黄帝采首山铜，铸鼎于荆山下，鼎既成，有龙

从汉朝至今，拜谒黄帝便成为纪念和缅怀先
祖功德的最好方式

髯垂胡。下迎黄帝。黄帝上骑，群臣后宫从上者七十余人，龙乃上去。余小臣不得上，乃悉持龙髯，龙髯拔坠，坠黄帝之弓。百姓仰望黄帝既上天，乃抱其弓与胡髯号，故后因名其地曰鼎湖，其弓曰乌号"。人们把黄帝的靴子埋在铸鼎塬上，形成了黄帝陵。后来，人们便在此地建立黄帝衣冠冢，并建庙祭祀。

另外还有一个关于黄帝陵来历的传说：据说黄帝活了一百一十八岁，有一次，在他出巡河南期间，突然晴天一声霹雳，一条黄龙自天而降。黄龙对黄帝说："你的

黄帝陵

使命已经完成，请你和我一起归天吧。"黄帝自知天命难违，便跨上了龙背。当黄龙飞越陕西桥山时，黄帝请求黄龙暂且停下，让他去安抚臣民。黎民百姓闻讯从四面八方赶来，个个痛哭流涕。在黄龙的再三催促下，黄帝又跨上了龙背，人们拽住黄帝的衣襟一再挽留。黄龙带走了黄帝之后，留下了黄帝的衣冠。人们把黄帝的衣冠葬于桥山，起冢为陵。这就是传说中的黄帝陵的由来。但是也有人说，黄帝死后就安葬在桥山。

黄帝陵位于灵宝市区西二十公里的阳平镇，在黄陵县城北的桥山顶上，它是华夏民族的始祖轩辕皇帝部落在此代代相传、繁衍

黄帝陵被列为国家重点风景名胜区

黄帝陵

黄帝神位浮雕

生息的历史佐证。古代名士文人纷纷前来参拜瞻仰，李白、杜甫、白居易、刘禹锡等著名诗人都曾到此拜谒，题诗作赋，发出过"樊萝来绝顶，瞻拜意何胜"的慨叹。著名诗人贺敬之也有诗在此："中华五千年，史证灵宝见。荆山登高望，古今两惊叹。"

1992 年 8 月，地方政府投资六百万元在原址上建设成了陵墓（衣冠冢）、阁楼、大殿、山门、碑廊、亭台等景点。陵的西端有一高六米，周长四十余米的土堆，传说就是黄帝陵冢。陵西南有一条龙须沟，传说是龙须坠落之地，此间生长着一种龙须草，为龙须所变。年年农历二月初九前后，人们便络绎不绝地来此地祭祀瞻拜。

早在春秋战国时期，炎黄子孙就开始了对黄帝陵庙的祭祀活动。这从孔子、孟子的文章以及他们与学生的对话语录中，都能够得到充分的证明。据《吕氏春秋·安葬篇》《七国考》《山海经》这些古代典籍记载，"墓设陵园"在秦代开始才形成一种制度，因此黄帝陵园也最早建于秦代。秦在灭六国，一统天下之后，便规定了天子的坟墓一律称作"陵"，一般庶民坟都称为"墓"。到了汉代，又规定天子陵旁

人文初祖黄帝塑像显示出古朴、庄严、肃穆、雄伟的气概

黄帝陵

轩辕庙院内的古柏

必设"庙"。刘邦建立大汉王朝以后，汉朝
初期就在桥山西麓修建了一座"轩辕庙"以
祭拜华夏祖先。在唐代宗大历五年至大历七
年，又对轩辕庙进行了历时二年的重修扩建，
并栽植柏树共一千一百四十株。宋朝开宝二
年，因沮河水连年侵蚀，桥山西麓经常发生

崖塌水崩，严重威胁到黄帝陵，地方官员上书朝廷请示搬迁，于是宋太祖赵匡胤降旨，命当地官员遣人将轩辕庙由桥山西麓迁移至桥山东麓黄帝行宫。在此之后，黄帝陵庙有过多次修缮和扩建的工程，我们现在看到的黄帝陵庙的规模和范围，都已经远远超过古代。正如一首民谣所说的："汉朝立庙唐扩建，到了宋朝把庙迁，不论谁来做皇帝，登基都不忘祖先。"

（二）陵园概况

据传，黄帝死后葬于桥山，其陵墓位于陕西省黄陵县城西北大概一公里处。桥山脚下环绕着沮水，气势十分宏伟壮观。山的上面栽有八万多

沮河水奔流不息，携带着远古文明气息滚滚而来

棵柏树，都有千年以上的树龄，繁盛茂密，郁郁葱葱，四季常绿，山体愈发显得浑厚坚实。正是在这青山古柏掩映着的桥山，深藏着中华祖先轩辕黄帝的陵冢。

走近黄帝陵，首先就会看到以青砖砌成的环冢花墙，中有高 3.6 米，周长 48 米的陵墓封土。陵前立着一块明朝嘉靖十五年的石碑，上刻"桥山龙驭"四字，即指此处乃轩辕黄帝"驭龙升天"之地，更为此地增添了一丝神秘感，令人肃然起敬。碑前有一祭亭，气势不凡。亭内赫然竖立着写有"黄帝陵"三字的碑石，乃我国著名文学家郭沫若的墨宝。园区四周围护着

郭沫若的题字外柔内刚，摇曳生姿

黄帝陵

黄帝陵广场是由 5000 块大型鹅卵石铺成的

醒目的红墙，东南面开有一道门叫"棂星门"，门的两侧为仿制的汉代石阙，进入陵园区内，地面用石砖铺就，更显典雅素朴。陵区正南方，有土筑的高台立在陵园红墙之外，这正是赫赫有名的"汉武仙台"。据《史记封禅书》记载："汉武帝北巡朔方，勒兵十余万还祭黄帝冢桥山。"汉武仙台就是当年汉武帝为祭祀黄帝而筑的二十余米高的台，后来经历风霜雪雨多有损毁，今天我们所见的已经是用石块修葺并建有登台石阶、云板和护栏的焕然一新的高台了。

在黄帝陵庙前的约一万平方米的入口广场用精挑细选的五千块大型鹅卵石铺就，气派非凡，放眼望去，光洁可鉴，是中华民族上下五千年文明史的象征。广场的北端有一座宽 8.6 米、长 66 米、高 6.15 米的轩辕桥，整座桥由九节组成，共用了一百二十一根石梁搭建，桥两侧设有护栏。护栏的内壁上都雕刻着古典图案的花纹。整座桥全部采用花岗岩砌成，既素朴古雅，又粗犷悠远。桥的下方占地三百余亩的印池居于左右水面，总蓄水量可达四十六万平方米。印池周围绿树环绕，空气清新，环境优美。青山翠柏，交相辉映，影印池中，在蓝天白云的衬托下，显得生机勃勃，也给几十个世纪以来静卧于此处的黄帝陵平添了几

轩辕桥和通往轩辕大殿的 95 级台阶

黄帝陵

这棵古柏，相传是黄帝亲手所种

分灵动之气。

沿轩辕桥北侧缓步向下，是象征着黄帝"九五之尊"并寓意着黄帝至高无上皇权的九十五级石砌台阶。下桥后从一条名为"龙尾道"的小路向上攀登即为临庙院山门，看上去格外肃穆宏伟。

走进庙院的山门，有一古柏，相传是华夏始祖黄帝亲手所种，历经风雨洗礼依然如故，凹凸错落的树纹更添沧桑感，抚摸着树干就仿佛跨越了千年，回到了那个刀耕火种的远古时代，呼吸着那时的空气，感受着祖

黄帝陵古柏

先们艰苦卓绝的创业时代，更觉今日幸福的来之不易。古柏高十九米，树干下围十米，中围六米，上围两米，枝叶繁茂，苍翠遒劲，四季常青。

再往北走就来到了诚心亭，古时候祭祀官员来此均须整理衣冠，心静面净后方被允许进入大殿参拜祭祀。亭的北面立有碑亭，面阔五间，进深一室，顶端为卷棚装饰。亭内有两座碑石，一面上为伟大领袖毛泽东手书的《祭黄帝陵文》，另一面是蒋介石手书的"黄帝陵"碑石。亭的附近有一棵高大的古柏，即远近闻名的"汉武挂甲柏"，树叶青翠，枝繁叶茂。其后的轩辕庙正殿面阔七间，进深三间，抬眼可见"人文初祖"的四字匾额，据说是出自国民党元老程潜之手，字体浑圆，气势磅礴。大殿内中部的木质壁龛中嵌有轩辕黄帝的石刻浮雕像，人物栩栩如生，形态生动。在碑亭的东侧是立有四十余个历代碑石的碑廊，其中较为著名的有宋仁宗嘉祐六年（1061年）奉旨栽种松柏共一千四百一十三棵的记事碑；元泰定二年（1371年）禁伐黄帝陵庙树木的圣旨碑；明太祖洪武四年（1371年）祭黄帝陵御制祝文碑；清圣祖康熙二十七年（公元1689年）

"诚心亭"匾额

黄帝陵

参谒黄帝陵一般要从轩辕庙开始

祭黄帝桥陵碑。另外还有1912年辛亥革命的领袖孙中山宣誓就职中华民国临时大总统之后，派代表团带上其亲自撰写的《祭黄帝陵文》前往桥山祭拜中华始祖轩辕黄帝陵的碑石等等。

　　每年到了清明节前后，来自全球各地的华夏后人、炎黄子孙就会络绎不绝地来黄帝陵祭拜黄帝。同时在海内外华人的强烈要求下，国家同意并批准了于1992年4月4日，即当年的清明节奠基并开始重新修整完善黄帝陵。此次对于黄帝陵的修整工程，范围包括了黄帝陵所在地桥山及其附近的山水、城镇，约达面积 3.24 平方公里。整修工程以保护现存的文物古迹和柏林为前提，为柏林的生长提供了良好的生态环境；同时体现了黄帝陵的宏伟、壮观、古雅、庄严，工程建筑借山川水势与陵墓地势，融山水陵庙与城市于一体，充分体现了人与自然的和谐一致；整个陵墓修整努力与黄帝陵庙的所有建筑风格统一，在吸收传统思想精髓的基础上力求达到汉代建筑粗犷古朴的风格。

黄帝陵的整修规划设计是在国内一流专家的指导下进行的，除此之外还广泛征集了港澳台同胞和海外华人的意见和建议。整个

黄帝陵入口处的巨大轩辕黄帝石像

黄帝陵

华夏儿女对轩辕黄帝的祭祀瞻拜几千年来从未停止过

工程规划将黄帝陵和轩辕庙作为重点保护
范围，其总体结构由六个部分构成：前区、
庙，功德场和神道、陵区、县城以及外围
景观。这些部分构成了祭祀谒陵的完整的
建筑群系统，其中的庙院广场以石雕石刻
饰以点缀，记录着华夏五千年文明的精华，
从而增加我们对华夏始祖的敬意，增强了
人们对于身处文明古国的自豪感。黄帝作
为炎黄子孙的共同祖先，给后人点燃了文
明之火，照亮了华夏后人未来的征途。

黄帝陵

二 帝陵传说

道路两侧古柏参天

（一）桥山柏树之谜

大败蚩尤之后，轩辕黄帝建立了联盟部落并率众于桥山定居。当他发现桥山一带的居民或者栖居于树上，或者与鸟兽同穴，顿觉这种生活方式既不文明又不安全，于是黄帝便和手下大臣力牧、大鸿、共鼓等人商讨怎样改变这种情况。大家商量后，决定先教会当地居民在依山傍水的半山坡上伐树建屋，脱离树林和洞穴搬进新居；然后又提议将桥山改为桥国。经过黄帝和众人的努力，终于让桥山居民脱离了原始的穴居生活，拥有了文明的生活方式，不仅方便了日常生活，同时也不再惧怕野兽带来的危险了。然而，就在这个时候，一场突如其来的暴雨，引发了山洪暴发，洪水从山下直泻而下，将黄帝的得力助手大臣共鼓、狄货和几十个居民都卷走了，黄帝见状不禁悲痛万分，却又无可奈何，只能眼睁睁看着他们消失在大水中。

轩辕黄帝画像

他见供水不仅冲毁了被砍光树林的山峁，甚至冲走了地上的草木。于是他沉思片刻，对众村民说道："今后大家再不能砍伐树木了，如果再这样继续下去，这里不仅不会再有树林，连飞鸟野兽也会无处藏身了。那时吃什么、穿什么都成了问题。"当时黄帝手下一位幸存的大臣提议大家可以搬到另外的地方居住，重新开辟自己的家园。黄帝想了想道："这种做法虽可以解燃眉之急，却不是个长远之计。你们想想看，如果那里的树林也让我们砍光了，我们到时候还能再往哪里搬呢？一旦再遇到洪水，我们又能往哪里逃呢？"众人听了，顿觉黄帝讲得有道理，于是纷纷向他询问下一步该如何走。

黄帝望着大家缓缓道："我愿意同大家一起上山植树种草，用不了几年，山上就会长满草木，像从前一样，不仅能够挡住突袭

祭亭

的山洪，又能留住鸟兽，我们桥国的居民也就能吃穿不愁，安居乐业了。"说罢，黄帝率先带头种了一棵小柏树，臣民们见状，都争先恐后地植树种草。几年之后，桥国的山峁上便又呈现了从前的的景色，郁郁葱葱，远远望去，一片苍翠。大家都非常感激黄帝。从此以后，植树造林就成了我们中华民族的一个优良传统，并世世代代延续至今。

传说中，黄帝在骑龙升天之时经过桥山上方，还特意请巨龙停下片刻，只是为了再看一眼自己亲手种下的那棵柏树。临

黄帝陵

龙驭阁是为了祭拜黄帝升天而建造的

走之时，黄帝随手将百姓送给他的干肉块扔下来，正好掉落于他自己栽种的柏树上。传说，黄帝手植柏树树干上的二十四个疙瘩就是他从天下扔上来的肉块所变的。

传说黄帝的臣民们挽留不住乘龙飞天的黄帝，便紧紧拽住他的衣服，甚至将他的衣襟、靴子和佩戴的宝剑都拽了下来。后来黄帝的百姓为了追念他，就把这些衣物埋于桥山之巅，于是这里就成了黄帝的衣冠冢。此后，每天前来拜祭黄帝的人每天都络绎不绝。那时，桥山的山顶上光秃秃一片，没有一丝草木的痕迹，大家在黄帝陵前供奉的食品也

黄帝成仙的传说在后世广为流传

经常会被飞鸟野兽争相抢食，见到这样的状况，大家心里都十分不安。此时出现了一位叫青山的老人家，他在黄帝陵冢的周围种植了很多树木，希望树木的枝叶会将整个陵墓遮挡起来。老人每天种树，夜以继日不停忙碌。终于，老人的行为被九天玄女发现了，她一回到天宫就把这件事禀告给玉皇大帝。玉帝听罢叹道："本宫其实早已知晓青山老人对黄帝的一片赤心，但见他一人独自种树又于心不忍，这样到何年何月才能栽满全山呢？"说罢便令九天玄女偷偷将王母娘娘所藏的常年不落叶的柏树籽拿出并撒于桥山之上。到了第二年开春之际，但见整个桥山漫山遍野都冒出了葱绿新嫩的柏树树苗。老人见到满山长满柏树的树苗，开心极了，于是他便整日地在山上劳作，培育树苗，除草浇水。就这样日复一日，年复一年，在青山老人的悉心照料和呵护下，每棵柏树都长得枝繁叶茂。整个桥山一片翠绿，郁郁葱葱，煞是好看。

春去秋来，寒暑交替，不知道又过了多少个年头，老人年已过百，胳膊腿也早不如当初那么灵活有力，但他仍然坚持每

天到山上去看护自己一手培育起来的柏树林。
不曾料想，就在这个时候，桥山搬来了一个叫
做拾怪的恶霸，他仗着自己有十个身强体壮的
儿子，明抢暗夺，为非作歹，丧尽天良。当他
发现桥山上的柏树长得又高又大，顿时暗起歹
意。有一天，拾怪领着两个儿子来到桥山上，
明目张胆地砍伐树木。老人发觉此事后，连忙
赶来阻止。拾怪父子三人蛮横地冲老人喝道：
"这山上面都是树，多得数不过来，我们砍几
棵又有什么不可以呢？就是全砍光了你又能
把我们怎么样？"老人听后气愤地说道："这

桥山古柏为黄帝陵八景之一

是咱们祖宗陵地的树，谁也不许砍伐！"拾怪父子三人根本不理会老人这一套，继续指挥两个儿子砍树。老人见状，上前牢牢抱住柏树的树身，用自己的身体护住了树干。拾怪一拳挥过去就将老人打倒在地。风烛残年的青山老人哪里经得起这样的毒打，很快便含恨离开了人世。恰巧这时候陈抟老祖从桥山上空经过，看见恶霸打死了誓死守护山林的青山老人，急忙赶回天庭，向王母娘娘禀明了此事。王母娘娘从南天门望见老人惨死于山上，不由得怒火中烧，随即从头上拔下两支金簪，往下抛去。恶霸拾怪的两个儿子立刻惨叫一声，倒在了血泊之中。原来两支金簪空中变成了两把锋利的宝剑，直挺挺插在拾怪两个儿子的身上。拾怪不明白宝剑的由来，认为是被别人暗中算计了，一气之下，放了把火想要将桥山烧毁。王母娘娘发现桥山起火，立即命龙王施法降雨，霎时间倾盆大雨落下，瞬间就将熊熊烈焰扑灭了。桥山柏树林经过了这场大难，不仅没有荒芜，反而更加枝叶繁茂了。因此民间流传着这样一段歌谣："桥山古柏，棵棵是神树；谁要乱砍，全家都遭殃。"

话说有个叫赖顺的人，偏偏不信邪。赖顺不仅好吃懒做，还常年靠偷窃为生。一年

桥山古柏近景

印台山

冬天，大雪下了有三尺深，赖顺实在是冻得受不了了，就偷偷跑到桥山，趁人不备砍了山上的一段柏树枝，挑回家里当柴火烧了。哪曾想点了火之后，却只是冒烟，根本不起火焰。赖顺就开始用嘴吹，希望能够助燃。可浓烟越来越多，终于把他呛得摔倒在地上。邻居们闻讯赶来，发现赖顺已经躺在地上口吐鲜血，两眼翻白，气绝身亡了。顿时大家目瞪口呆，面面相觑。后来才明白，原来是他用桥山的柏树枝当柴烧，才落得个如此下场。后来再也没有人敢随意砍伐桥山上的柏树了。即使偶尔有些顽皮的小孩子将掉落在地上的枯枝败

古柏下的石碑

叶捡起来收走当柴烧，也会遭到家中长辈的严厉呵斥，并责令孩子把捡回来的树枝送回山上。就这样代代相传，桥山上的柏树被守护到今天。

据说在康熙年间，有个好信儿的县令想知道桥山究竟有多少棵柏树，可命令手下查了七七四十九天也没有数出个头绪，最终只好作罢。后来在民国期间，中部县的县长卢仁山调集了一个团的兵力，将桥山按段划分好，并排列号次，令手下士兵按树贴号，并下令宣称标错者罚五块大洋，并加罚四十军棍。经过了十九天的详细查点，才终于得出了一个具体的数目，即桥山共有古柏 61286 棵。桥山的柏树

之谜最终得以解开，这一调查结果后来也被正式载入了黄陵县志。

（二）黄帝的脚印

在黄帝陵有个奇怪的现象，那就是前来拜祭华夏始祖的游人过客，都要到轩辕庙内去一睹黄帝脚印的风采，还乐于将自己的双脚放在黄帝的脚印上试上一试，并美其名曰："踏着黄帝的足迹前进！"这双黄帝脚印留在大约一米见方的青石上，至今清晰可见。这双脚印之所以能够一直完好无损地保留到今天，还有着一个动人的传说。

相传在黄帝在位时，大家没有鞋袜，也

人们在桥山对面的印台山上发现了黄帝留下的两个又大又深的脚印

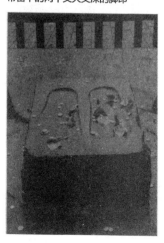

帝陵传说

没有衣帽可以穿戴，他们或者用树叶蔽体，或者以兽皮裹身，日子非常艰苦。黄帝和他的民众也一样腰间缠着兽皮，光着脚板，长年累月地奔走于各地，为民祈福。夏天尚不觉苦，每当到了冬天，地冻天寒，黄帝便为外出巡察时光着双脚而头疼。直到后来，胡巢和于则发明了木屐和帽子，又有人给黄帝做了一双木屐。虽然穿木屐比赤足光脚走路好多了，外出巡视、进林狩猎却有些不便。一个冬天，黄帝外出回来，脚冻坏了，黄帝身边一个叫素雀的女孩就偷偷用麻布给黄帝缝了个布袋。黄帝穿在脚上试了试，感觉又短又小，根本穿不进去，

看着这对硕大的脚印，仿佛华夏五千年文明之路就在脚下延伸

黄帝陵

轩辕黄帝的衣冠冢前立有一块巨大的石碑，上面刻着"桥山龙驭"四个大字

但黄帝仍旧和颜悦色，丝毫没有表现出责怪素雀的意思，还表扬了她发明创造的精神。可素雀因为没有帮到黄帝而难过极了。一次素雀去河边挑水，发现黄帝一人独自从河滩经过，地面上留下了深深的足印，素雀走过去仔细查看，心中顿时一亮。原来黄帝的脚比常人大出许多，如果按照他的脚印做布袋，就不会再因为小而穿不进了。素雀挑回水，赶忙取来石刀，在黄帝留下的脚印四周的湿泥土上划了四方格，晒干后，取回家，放在石板上，按其尺寸做成了一双软木为底、麻布作帮的类似于今天高筒靴子一样的鞋。素雀兴高采烈地将靴子拿给黄帝试穿，不大不小正合脚，黄帝觉得非常满意，

汉武帝塑像

素雀也开心极了。人类历史上的第一双高筒靴子就这样出现了。黄帝十分珍视这双靴子,轻易不舍得拿出来穿,只有逢年过节或是重大场合才会穿上它参加。

后来黄帝乘龙飞升时,他的臣民们将带有黄帝脚印的青石板藏在黄帝东宫。近代之后,这块青石板才被转移到轩辕庙里,并一直保存到今天。

(三)九转祈仙台

据传,大汉王朝的第二代国君汉武帝刘彻,一心想当神仙。由于他在抗击匈奴、打通西域和开拓丝绸之路上立下了汗马功劳,玉帝和天庭诸多神仙在商讨决议过多次后,准备点化其成仙。但因为他想得道成仙的心情太过急迫,最终反倒适得其反。

元封元年十月初,汉武帝率领十八万大军北上,巡视边关,声震匈奴。在他返回长安的途中经过阳周郡桥山时,为了祭拜黄帝,竟然在黄陵的正对面,派人修筑了一座比黄帝陵还要高出近一半的"九转祈仙台"(后人也称其为"汉武仙台")。他的这一举动,深深触怒了天庭上下的众仙。以玉帝为首的诸仙都认为汉武帝太过嚣张放肆,竟然连自己的先祖都不放在眼中，让这样狂妄自大的人成仙，又怎能服众呢？盛怒之下的玉帝朱笔一挥，就将汉武帝盼望已久的仙籍给勾掉了。汉武帝梦中得知此事后，甚为不平，几日几夜都没有合眼。于是他便以大汉天子的名义写信质问玉帝。玉帝读罢，很快回复了汉武帝一封信，信中这样写道："你刘彻，十六岁即位登基当上皇帝，一心只想得道成仙，为此做出很多为天下人所不齿的蠢事，甚至连自己的亲生女儿也被方士栾大所骗。栾大的骗术暴露之后，你不顾翁婿之情，一怒之下将其处决，给女儿造成丧夫之痛。此后不久，你又遭到方士公孙卿这个大骗子的蛊惑。此前种种，本宫念在你之前尚立下许多汗马功劳，不同你计较。哪曾想到你为了李陵之事，又给司马迁施以'宫刑'，妄图置其于死地，但他为了完成父亲未竟的遗愿，忍辱负重，终于坚持完成了《史记》，给后代留下了一部恢弘的杰作。即便如此，你还是不放过司马迁，四处派人搜查《史记》的原稿，并下令加以焚毁，幸亏此书最终保存下来，并得以面世。作为一国之君，你竟然如此残酷无情，气量如此之小，同时你狂妄自大，无视先祖，擅自修筑的祈仙台居然高过了黄帝陵。你的所

汉武仙台

帝陵传说

汉武仙台和石阶

作所为早已让你失去列入仙班的资格，更不要再妄想能够乘龙升天！"玉帝将信写好之后交给九天玄女，命其趁武帝病中熟睡之际，把信悄悄地放在他的枕边。汉武帝醒来看到这封信，懊悔不已，叹道："唉！早知今日，何必当初呢，看来现在是说什么都晚了！无论是平民布衣还是一朝天子，事情做得太过了都是不会得到好结果的。"说完他就瞑目而逝了。后来有个叫寇绍光的封建文人曾经这样写过："满山翠柏望桥陵，上有仙台垒九层。夜夜唯留明月照，年年只见白云兴。何事汉宫生异念，登高筑眺盼飞升。"由此看来，诗人对于汉武帝异想天开的狂妄举动和祈求得道升天的幻想是相当不满意的。当初汉武帝对得道成仙的痴迷如今早已沦为笑柄，倒是他当年在黄帝陵前面修筑的九转祈仙台，为后代人提供了拜祭祖先的好场所。

（四）"挂甲柏"

相传在汉武帝修筑九转祈仙台的第二个早晨，祥云笼罩着东升的旭日，武帝见状，当即令手下十八万大军于桥山列队叩首。同时武帝卸下身上的盔甲，并随手将其挂在附近的一棵柏树上，而后一个人登上祈仙台，祈祷黄帝能够保佑其长生不老、得道成仙；也求黄帝保佑他的大汉江山能够世代兴盛，

从这块简介牌上可以了解"挂甲柏"的来历

挂甲柏

永远太平。拜祭完毕，当天他便率众返回长安。这就是人们后来所讲的"十八万大军祭黄陵"。

当年汉武帝挂过盔甲的柏树，全身上下，密布着瘢痕，交错纵横，渗出汁液，这就是桥山上独一无二的"挂甲柏"。更为独特的是，在每年的清明节前，这棵挂过汉武帝盔甲的柏树干上溢出的柏树液都会凝结为球状，就像是挂满了珍珠和钻石，在阳光的照射下闪闪发光，发出璀璨的光芒，吸引着世界各地前来拜谒黄陵的人。然而一过清明节，汁液就会自然中断，柏树又从枝到干恢复了原来密密麻麻的盔甲痕迹。

（五）下马祭奠

在桥山山顶距离黄陵二百米远的路旁，立着一座长形石碑。上面写有"文武官员至此下马"八个字。在我国古代，不管是文官武官还是大官小官，到此都必须下马。这个规定充分体现了炎黄子孙对于先祖黄帝的崇敬。直到今天，即使当时的马车早已被各式各样的汽车所取代，人们仍然不约而同地遵守着这个代代流传下来的规定，到此都主动停车，并下车步行到黄帝陵来瞻仰拜祭。

相传有个叫史可霍的知府的儿子，好吃懒做，不务正业，经常骑马射箭，偷鸡摸狗，调戏民女，使得乡民敢怒不敢言，怨声载道，因此，大家给他起了个贴切的外号——"死可恶"。有一年，"死可恶"带着一帮恶奴到桥山来打猎，刚好一群梅花鹿逃奔到桥山顶上的柏树林后躲藏起来。"死可恶"冲进了黄帝的陵园区，与其手下的打手射了一通乱箭，使得鹿群四散而逃。看守陵园的姬老童，虽然已经年过六旬，却手脚利落，功夫

"文武官员至此下马"碑

关于"下马祭莫",有着一段美丽的传说

过人。他看见有人骑马闯进陵园并肆无忌惮箭射鹿群,便上前大喝一声,道:"哪里狂徒如此无礼,竟敢在黄帝陵园里捕杀鹿群,做伤天害理之事!"说着,一个箭步向前,抓住马的缰绳就不撒手。"死可恶"见来者只是个糟老头,在马上冷笑一声说:"大爷我名叫史可霍,史知府就是我的亲爹,我就要在这里射鹿打猎,看谁敢阻拦!"这番话一出口便惹恼了姬老童,他回手一拳就将"死可恶"打下马来。穷凶极恶的"死可恶"被打翻在地后妄图还手,从地上爬起来,扑向姬老童。姬老童左腿只是轻轻一扫,"死可恶"又跌了个"猪啃地",把两颗门牙都磕掉了。而后姬老童又连踢了两脚,把"死可恶"踢得连哭带叫,跪在地上不断求饶。见姬老童没有再出手,"死可恶"连忙爬起,牵马下山。随行的恶奴们也都灰溜溜地跟着走了,从此不敢再肆意寻衅滋事。

再说,史知府听说儿子史可霍被打,还磕掉了两颗门牙,哪里肯善罢甘休,他立即写信要求中部县令严加惩办姬老童。中部县令名叫包步平,是秀才出身,非常有学问,因为为人刚直不阿,为官又清廉

公正，被人称作"包不平"。他看到史知府的信后，冷笑一声，随即提笔写道："黄帝功德厚，子孙岂敢忘。纵子作恶端，骑马闯陵园。祖先未降罪，史府欺县官。轩辕英灵在，吾来把案断。"

包步平并没有因为史知府位高权重的压力就屈服于恶势力，他连夜给泰定帝写了一份奏章，连同史知府写给他的信件，一并呈报给圣上请求严加查处。泰定帝读罢他的奏章，十分生气，立即降旨将史知府革职，并且下诏命包步平严办史可霍，同时赐给中部县令三项特权：一、对破坏黄帝陵园的林木、

帝陵传说
041

相传指纹章印是黄帝和蚩尤作战时发明的

建筑等的一切歹徒，查明事实后不必上报，县令有权将其就地正法；二、如有紧急公事，县令可越级直接上书皇帝；三、凡巡抚以下官员前来祭黄陵，县令不再出城迎送。泰定帝怕他的圣旨在地方执行不力，又于泰定二年，亲自颁发了保护黄帝陵、庙的法令，法令中这样规定道："不畏公法之人，又有玩徒之辈，泼皮歹人。损坏树林建筑，如有违犯之人，许诸人捉拿到官，痛行断罪……"直到今天，这座石碑仍然完好无缺地保存在轩辕庙碑林里。到了明太祖洪武年间，皇帝朱元璋又沿用了元朝泰定帝的规定：把中部县令由七品官升至五品官，以便处理一些来不及上报的案件。此外，又在桥山顶上专门立了"文武官员至此下马"的石碑，以便提醒前来谒陵拜祖的人，在祖先陵前一定要保持庄严肃穆，不得儿戏视之。

（六）指纹章印

我国人民长期以来一直保留着这样一种习惯——为了慎重起见，在办理一些重要事情的时候，都要事先写好一张条子，再按上一个手指印作为凭证。为什么要这么做呢？因为人体的任何部位都可以改变，

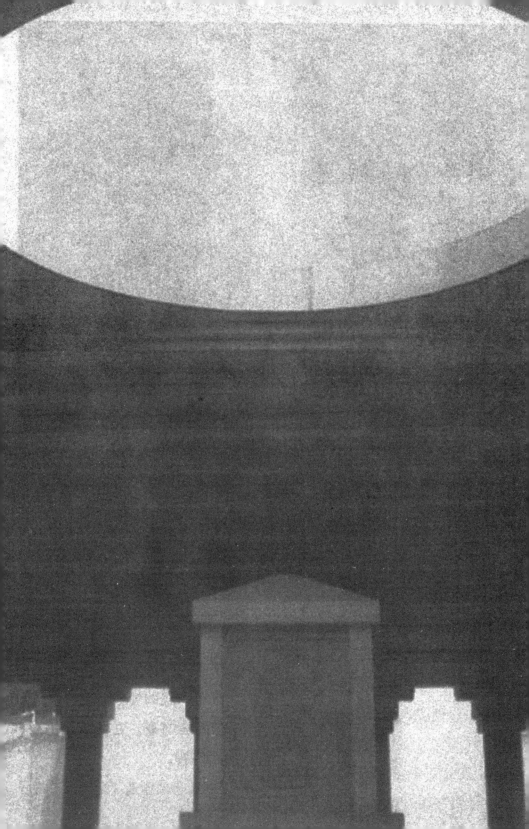

印章等很多古老的发明创造都始于黄帝时代

唯有指印无法改变。人和人的指纹没有完全相同的，这已经被现代科学所充分证实了，因此警方常常可以通过提取罪犯的指纹来破获一起起大案要案。据传，人类用指纹作凭证，也已经有五千年的历史了。追溯起来，还是轩辕黄帝最先发明的，而这恰恰从一个侧面证明了古代劳动人民的智慧，我们不但应该为此感到骄傲自豪，更应该学习这种发明创造的精神。

传说自从仓颉创造了象形字以后，人们传送书信，下达命令，都开始使用这种象形文字。有一次，黄帝手下的应龙领兵和蚩尤军队作战时，抓回了五名俘虏。应龙上书黄帝问该如何处理。黄帝看后，要仓颉写信命应龙给俘虏讲清道理后即可放其回去。谁知，这封信应龙没有收到，却落到了应龙手下一名叫蛮角的小头目手里。蛮角从前是蚩尤的部下，在蚩尤杀害了他的全家后，他就带着对蚩尤的深仇大恨投奔了轩辕黄帝，并随时准备报仇。当他看到黄帝在信上下令放回五名俘虏时，却怎么也想不通。于是便乘周围无人，偷偷地把"全部放回"四个字，改成了"全部处死"，然后把信交给了上司应龙。不等应龙下令，他就带着十几个人偷

CANG JIE

沮河

偷把五名俘虏全部砍死了。黄帝知道这件事后，命令仓颉严厉查处此事。仓颉得知后严肃地质问应龙：“黄帝命你全部放回俘虏，你为何要全部处死？黄帝的话，你居然不听？”应龙受到仓颉这番训斥，莫名其妙，立即找出仓颉写的信说：“你看看，这上边不是明明写着‘全部处死’吗？怎么现在又责备起我来了！”仓颉接过信详细地查看了一遍后，终于发现他写的信被人涂改过。便立刻追查送信的人。送信的人说他把信交给蛮角了。当追究到蛮角时，蛮角却矢口否认，并一口咬定自己一接到信，就马不停蹄地给应龙送去了。就这样追来追去，却还是追不出个所以然来。仓颉回来向黄帝汇报了追查结果。黄帝听后，沉思了很久，然后对仓颉说："没有可靠的凭据，谁也不会承认。看来，今后传送书信，下达命令，还得另想办法，不然，还会出更大的乱子。"过了不久，仓颉终于给黄帝想出这样一个办法：以后凡是黄帝下达的任何命令，上面都要印有黄帝的手模和脚印。可是这样时间一长，黄帝觉得老是这样按脚印、按手模也不是个办法，既麻烦，又不文明，便和仓颉商议，又把"手模脚印"改为只压一个指印。哪知道，过了不久，问题又出现了，一个名叫石牛的人伪造了一张纸条，他还仿照黄帝的做法，按上自己的指印，来到仓库，冒领了十张虎皮。事情暴露后，黄帝又命令仓颉前去查处。

沮河

这一次真被查出来了。原来，石牛按在领条上的指纹和黄帝的指纹根本不一样。仓颉又叫来好几个人，让他们把各自的指印按在一张桦树皮上，仔细一看，与领条上的指纹都不相同，唯有石牛的指纹和领条上的一模一样。石牛在事实面前，不得不承认是自己冒领了十张虎皮。这时，风后走来对仓颉和黄帝说："看来还得再想想办法。"机智多谋的风后，当年曾给黄帝发明了指南车，

传说黄帝的大印就埋藏于此，故此山起名为"印台山"

而此时，他从怀里取出了一块拳头大的雪白玉石递给仓颉说："把这个东西磨成四方块，然后把黄帝的指纹放大，用刀刻在上面。今后不论下达什么命令，先把玉石印往上一盖，让黄帝过目后，如果同意，再把自己的指印按在玉石印旁边。这样的印件，就不会再被人伪造了。谁要是敢伪造和涂改，也能很快查明事实了。"黄帝采纳了风后的意见，派仓颉去制作玉石印。从此以后，再没有发生过伪造信件和假传命令的事情。指纹和章印也一直沿用到现在。传说黄帝升天后，这颗玉石大印被埋在轩辕庙对面的山上。从此，这座山便取名为印台山。因此当地人经常说："黄陵有座印台山，黄帝玉印藏里边；对面就是轩辕庙，山前有条沮河川。"

（七）伶伦定律

位于黄帝陵东侧的凤岭，是黄陵县八景之一。素有"桥山月夜聚风光，凤岭春烟绕八方"之称。相传凤岭是凤凰停落的地方。当年黄帝命伶伦作乐律，伶伦取㠔谷之竹，先用其中厚薄均匀的做成竹管。刚开始，吹出来的音调没有阴阳之分，根本不成调律。人们便纷纷讽刺伶伦说："你

吹的那个破竹管，不听则罢，一听不光是人，就连野兽都被吓得四散而逃了！"有一次黄帝正在练习骑马，刚跨上马背，忽然传来伶伦吹竹管发出的怪叫声。黄帝所骑的马听到这种怪音，立即吓得四蹄腾空，仰头嘶鸣，把黄帝从马背上摔翻下来。伶伦赶快跑过去把黄帝扶起来，黄帝对伶伦说："你制的这个小竹管能惊到我的马，很不简单啊，将来一定能够吹出更好听的音律来。"伶伦听到黄帝鼓励的话语，惭愧地对黄帝说："我花了整整三年的时间都没有作成音律，这已经是很大的罪过了，黄帝不仅不责备我，还这样鼓励我，实在是令我感到羞愧啊！"黄帝听后说："话也不能这么说，一根普普通通的竹管，上面只是钻了几个小孔，就能吹响发出声音，这就是你的创造和功劳，又怎能说是'罪过'呢？"说完，牵马走了。

在黄帝的鼓励下，伶伦更加信心百倍，整天苦练，但仍然吹不出和谐的音调来。有一天，伶伦独自一人来到凤岭，躺在一块石头上冥思苦想，不知不觉睡着了。当他睡得正香时，忽然被树上一阵美妙的鸟鸣声唤醒。伶伦马上坐起来揉了揉眼睛，仰头一看，只见树上有两只羽毛美丽、体形优美的鸟在鸣叫，声音婉转悠扬，十分动听，伶伦睁大双眼，细心倾听，而且情不自禁地拿起自制的竹管，模仿鸟的叫声吹了起来，正吹得起劲时，两只鸟突然停止了鸣叫，展翅飞走了。伶伦急得又是跺脚，又是招手。可是，鸟已经飞得无影无踪了。伶伦回去后立即将这件事报告给黄帝，又把他学来的半生不熟的鸟叫声断断续续地给黄帝吹了一遍。黄帝听后十分高兴地说："这种鸟叫凤凰，是鸟中之王。桥国能招来凤凰，这不正是吉祥的征兆吗？"从此，伶伦便把凤凰停息过的地方

伶伦受到凤凰鸟的启发创制出十二音律

黄帝陵

凤凰鸣叫给了伶伦创作灵感

叫做"凤岭"。伶伦每天来到凤岭，坐在一块大石头上，专等凤凰来鸣叫。果然，凤岭树林里不断有凤凰栖落。不过，落在这里的凤凰，不一定都鸣叫。伶伦经过长时间观察发现，在鸣叫的凤凰中，凤和凰的鸣叫声音并不相同，是有细微差异的。凤的鸣叫激情昂扬，凰的鸣叫柔和悠长。而每对凤凰栖落后，每次都各自鸣叫六声，然后，再连声合叫一遍，就飞走了。伶伦根据凤凰鸣叫的声调，又经过长时间的揣摩和推敲后，终于创制出音乐上的十二音律，受到了黄帝的赞扬。在此之后，伶伦还把各种飞禽走兽的叫声都一一记录了下来，用来不断丰富他所创制的

黄帝陵全景

古老的历史都镌刻在这斑斑锈迹之上

黄帝陵

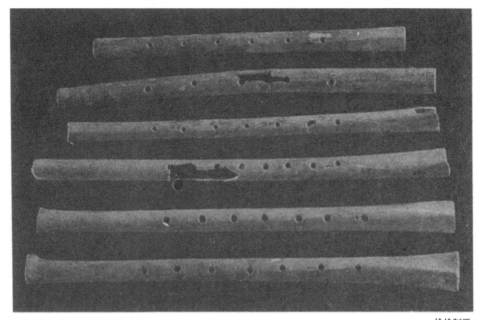

伶伦制乐

音律。比如用擂鼓可以表现马奔跑的蹄声；
用口哨可以表现各种鸟啼声。由此有人说，
现代音乐用的简谱符号 1234567，最早就起
源于中华民族，而其来源正是伶伦当时模仿
鸟兽鸣叫声所制定的音律，只不过那时的音
符不像今天这样复杂罢了。

（八）暖泉来历

上山砍柴、下河担水是生活中最基本不
过的常识。可是，在陕西省黄陵县的桥山，
人们吃水必须上山担，这是因为泉水都在山
上。传说这还是黄帝和龙王当初给桥山人民
带来的恩惠。

在轩辕庙的对面，有条名叫暖泉沟小
山沟。当年这条小山沟人烟稀少，并且没
有名字，自从黄帝定居桥国以后，沟里才
住上了人，人口也日渐增多，发展得很快。
这条沟只有在半山腰有一池的泉水。那时
部落联盟的首领和附近的原始居民，都要
常年吃用这里的泉水。有一年，黄帝的正
妃嫘祖因为常年养蚕、抽丝、织布、制作
衣服，劳累过度，终于卧床不起。人在病
中不免产生浓浓的思乡之情。嫘祖是西陵
人，因而她很想再次喝到自己家乡的泉水，
因为那里的泉水清澈、甘美、喝了不仅能

解渴，还能够提神。这可把伺候嫘祖的人给
为难坏了。从白水步行到桥国，往返一次最
快也得四天四夜。但为了不使嫘祖失望，黄
帝派应龙带上尖底瓶到白水取泉水。这个消
息不知怎么就被桥国的百姓们知道了，他们
决心要尽一切努力把白水的泉水引到桥国，
让在病中的嫘祖能够如愿以偿喝到家乡的泉
水。经过商议决策后，大家决定在桥国和白
水之间开凿一条水渠，把白水的泉水引到桥
国。百姓们瞒着黄帝，不分男女老幼，都自
愿投入了开渠的劳动工作中。后来，这件事
情感动了龙王，他知道嫘祖是因为养蚕为民

嫘祖故里盐亭

帝陵传说
055

造福才积劳成疾，桥国百姓都很感激和爱戴她，便专为她开渠引水。

可是，这么长的一条水渠，要到什么时候能完全开通呢？为了帮助桥国百姓早日实现开渠引水的愿望，龙王用自己尖利的爪一划，就把白水到桥国的地下水渠开通了。可是当时谁也不知道这个秘密。应龙从白水把泉水取回后，嫘祖只喝了一瓶，病情就很快好转了。剩下的另一瓶白水泉水，嫘祖让应龙倒进桥国半山上的泉水里去。从这以后，桥国泉水的味道也变得和白水泉水一模一样了。更令人感到惊奇的是，桥国泉水不但日夜涌流，而且还变得

桥国百姓为嫘祖开渠引水

黄帝陵

冬暖夏凉。因此人们把它称作"暖泉"。这就是暖泉的来历。

传说又经过了很多个朝代后，这里出了一个大恶霸，名叫艾半川。他仗着自己有钱有势，就把沮河川的川地全部霸占了，不仅如此，他还把沮河川里的百姓统统赶上了山。就这样，他仍然不满足，把暖泉水也都强占了，艾家全家老小，平时吃暖泉水，冬天还用暖泉水洗澡，其他百姓如果偷汲暖泉水被艾半川发现，就会被活活打死。居住在山上的百姓常年吃不到泉水，对艾半川恨之入骨，却也没有办法治他。时间一长，此事不知怎么传到玉皇大帝的耳朵里，于是玉帝便派陈抟老祖下凡查询。陈抟老祖经过一番明察暗访之后，回到天宫向玉皇大帝禀告说："艾半川果然是作恶多端。不但逼迫百姓上山种地，还霸占了当年龙王给桥山百姓开通的暖泉。"玉帝听闻后勃然大怒，连夜降旨让龙王把暖泉水调向山山峁峁、沟沟岔岔，以供桥山的百姓饮用。龙王早就对艾半川的恶霸行为不满，见玉帝又降下旨意，便立即截断暖泉的水源，把水调给周围三十里以内的山峁沟岔，因而就出现了史册上均有所记载的阳武泉、普照泉、上善泉、一线泉、车移泉、

人们为嫘祖开渠引水感动了龙王

沮河

寒泉、滴珠泉、柳窟泉和寒酒泉等名泉。从此，黄陵县的山峁沟岔都有了泉水，既可以灌溉山地，又能够供人畜饮用。暖泉水干涸后，艾半川全家只好靠川道河流里的污泥浊水生活。不到半年，全家老小都因吃了脏水患不治之症而相继去世了。当年被艾半川赶上山的百姓，又都纷纷搬回山下居住，耕种河川土地，修建新住宅，从此又过上了丰衣足食的日子。但山上的那些泉水却无法搬迁。因此，桥山的百姓想要吃泉水还得上山去担。

（九）沮河来历

黄帝陵的桥山脚下，有一条河流，名叫沮河。传说这条河原名叫"祖河"。轩辕黄

沮河

帝定居在桥山后，把这里起名叫"桥国"。先民们都居住在桥山半坡的山腰上，吃着祖河水，日子过得也自由自在。

黄帝活到一百一十岁时，自感身体不佳，经常生病。玉皇大帝几乎每晚都给他托梦，叫他做好准备，天宫选了一个黄道吉日，准备派巨龙飞下凡间接他回天宫歇息。黄帝虽然忙于在荆山铸鼎，但还是先后两次回桥国给自己选择了坟地，最后，坟址就定在了桥山之巅。

公元前 5000 年的农历九月九日，按伏羲氏创立"八卦"定位之说，以阳爻为九，两九相重，故名"重阳"。这是一年三百六十五天最好的季节。秋高气爽，阳光明媚，果实累累，丰收在望。黄帝在这一天就要被召回天宫。当巨龙降落桥山，群臣和百姓依依不舍，哭声惊天动地。整个桥山拥满了先民。有的扯住黄帝衣裳，有的捉住黄帝的靴子，有的捉着巨龙的胡须，谁也不想让黄帝离开人间。百姓的眼泪浸湿了地面，地上起了泪水浪，哗哗地从桥山之巅流淌下来，全部流入了"祖河"。然而，时辰已到，巨龙腾空而起，黄帝升天去了。

从此以后，祖河水年年水量丰沛，清澈透明，人吃了不生百病，浇过的地年年五谷丰登。有位名叫姜尚的人，每天晚上都要到祖河去洗脸。据说，用祖河水洗过脸的人，不仅不生眼病，面貌也永远是年轻的。有个名叫扑信的人，平时不务正业，游手好闲，好吃懒做。有一年冬天，天气特别寒冷。祖河水全部封冻了。扑信半夜赌钱回来，路过祖河，发现姜尚打开冰窟窿正在洗脸，越洗越痛快，扑信也听人说过，用祖河水洗脸能治百病。等姜尚洗完脸走了以后，扑信也悄悄蹲在冰窟窿旁边，只用祖河水洗了几下脸，就觉得水太冰，起身走了。第二天晚上，扑

据说吃了沮河的水不生百病

郦道元画像

信又来赌场，宝官正在摇宝，押的单双宝。宝官一摇色子碗，扑信用祖河水洗过的那只眼睛，一下子就看透了宝碗中的色子是单还是双。这天晚上，扑信押单就是单，押双就是双。每宝都赢，从未输过一回。所有赌博的人都敬佩扑信押得准，走红运，岂不知，扑信用祖河水洗过那只眼睛已具有了神力。扑信发誓不告诉任何人这个秘密。结果，每逢赌场，扑信总是大把大把往回赢钱，由一个穷困潦倒的叫花子，变成了一个大财主。扑信娶了几妻几妾还不满足，竟然在光天化日之下，抢了看守桥山陵园的青山老人的女儿燕青。这下可触怒了天宫王母娘娘。她命九天玄女摘下头上两根金簪，刺瞎了扑信两只眼睛。从此以后，扑信再也不能赌博了，只能靠着他原来赢来的家业变卖度日。他平时挂着拐杖，逢人就说：祖河水是神水，是黄帝先民的眼泪变的，千万不能弄脏它。不然，老天要降罪的。

郦道元在写《水经注》时，考虑到"祖河"既然是黄帝先民眼泪形成的，不如改为"泪河"。后来又吸取了其他学者的建议，觉得"祖"字不雅，把祖字取掉"示"旁，

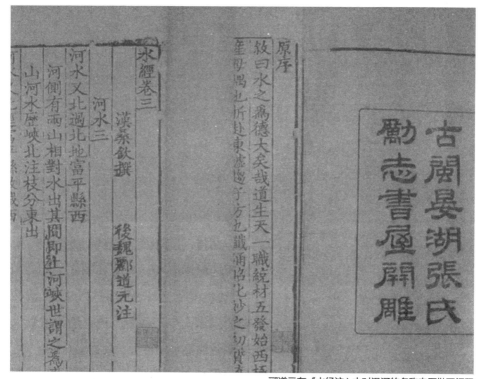

郦道元在《水经注》中对沮河的名称来历做了阐释

加了个三滴水，变成"沮"字，这样既代表了先民们的眼泪，又代表了"祖河"。

（十）涎水酿酒

龙宴酒是陕西黄陵县店头镇出产的名酒，最早名叫"龙涎酒"，传说是用龙的涎水酿造而成的。

相传，杜康因霉坏粮食而被贬职，后来因为酿酒有功，黄帝又恢复了他的职位，让他继续当管理粮食的大臣。杜康在酿酒技术

据说"龙宴酒"就是根据民间杜康酿酒的原
配方酿造出来的

上年年都有改进，酒的质量也越来越高。

有一年风调雨顺，五谷丰登，各部落的山洞里都堆满了粮食，男女老幼都穿上了新衣，过上了丰衣足食的好日子。这年又是黄帝统一三大部落、建立部落联盟五十年大庆，于是黄帝举行盛大的宴会，请来了各部落的首领。各个部落也给黄帝带来了许多礼品。宴会开始了，黄帝命杜康向每人敬一碗酒，人们也向黄帝敬酒，然后又相互敬酒。

宴会厅里充满了欢声笑语，热闹非常。正在这时，一条巨龙突然从天而降，把头伸到宴会厅的大酒坛上，闻来闻去，但坛

口太小了，龙嘴怎么也伸不进去，馋得嘴里的涎水不断掉进酒坛里。当时大家都被吓得目瞪口呆，只有黄帝不慌不忙地走到巨龙跟前，把酒坛里的酒倒进一只大碗里，然后把酒碗送到巨龙嘴边，巨龙一饮而尽。等黄帝再倒第二碗酒时，巨龙早已经腾空而起，转瞬间便飞得无踪无影了。人们眼看着巨龙离去才松了口气，又回到各自的座位。黄帝又命杜康给大家敬第二轮酒。谁知，杜康刚走

杜康像

到酒坛跟前，还未来得及取酒，一股浓郁的酒香便扑鼻而来，差一点把他也给醉倒了。杜康忙把酒缸里的酒倒出来，给每人敬了一杯酒，大家只喝了一小口，就觉得浑身舒畅，飘飘欲仙，忙问杜康："这酒怎么一下子变得这么香了？"杜康虽然不知道，但心想这一定是巨龙的涎水滴进酒坛所致。据说龙是不轻易流涎水的，人若喝了龙涎水能延年益寿，长命百岁。因此，他趁人们不注意时，从滴有龙涎水的酒坛里打出一碗酒，倒进另一只酒坛内，然后让人把滴有龙涎水的这坛酒赶快抬下去。说也奇怪，留下来的这坛酒掺过一碗龙涎水后，味道也变得和刚才抬下去的那坛龙涎水酒一模一样。人们越喝越想喝，黄帝准许大家开怀畅饮，一大坛酒很快就被喝光了。宴会结束后，杜康派专人保管那坛龙涎水酒，不许任何人动用。当他每次酿出新酒时便往新酒里掺进三滴龙涎水酒。新酒的味道立刻变得浓郁甘醇、飘香醉人了。从此，杜康的"龙涎酒"名气越来越大。

传说杜康有个好朋友叫刘伶，平生最爱喝酒，听说杜康酿出好酒，就专程前来拜访。不巧杜康这天正好不在家。刘伶来到杜康酿酒的地方，还未进门，就看见墙上写有一首诗：

　　量大一碗醉三年，

　　量小一盅睡三天；

　　猛虎一杯山中醉，

　　蛟龙两盏海底眠。

最后还加了一句："谁若不信试试看！"

刘伶像

刘伶哼了一声，不以为然地说："好大的口气！天下谁不知我刘伶的酒量。往东喝垮东海岸，往西喝倒峨眉山，往南喝到云南地，往北喝到塞外边。东西南北都喝遍，也没把我醉半天。"进了门，他开口就要一碗酒。小主人说："这酒只能喝一盅，不能喝一碗，一碗酒会把人醉死的。"刘伶看了墙上诗，本来就很恼火，再一听此话，更是火冒三丈，便气冲冲地说："少啰唆，快打碗酒来！"小主人见来客气势汹汹，不敢怠慢，赶快打了一碗龙涎酒，双手递了过去。刘伶接过酒，只觉得浓香扑鼻，便一饮而尽。哪知碗刚放下，就觉得头昏目眩，双腿不听使唤，扑通一声，跌倒在地，已经醉得不省人事了。小主人吓得手忙脚乱，不知所措。正在这时，杜康回来了，见到醉倒的刘伶躺在地上，不禁哈哈大笑说："你小子经常口出

杜康造酒享誉古今

狂言，今天只喝我一碗酒就醉成了这个样子！"杜康让人找来四块木板，临时给刘伶做了副棺材，把刘伶埋到了后院的酒糟堆里。

三年以后，刘伶的妻子打听出丈夫是喝了杜康的龙涎酒，当场死去的，这天便找上门来向杜康要人。杜康对刘伶的妻子哈哈一笑说："老嫂子，别发怒。刘兄没有真死，他只是喝醉了。"

黄帝陵

说着，杜康掐指一算，刘伶正好是三年前的这一天醉过去的，便把刘伶的妻子领到后院，刨开酒糟堆掀开棺材盖看一看，只见刘伶红光满面，躺在棺材里睡得正香。杜康拍了拍他的肩膀说："老兄，该醒来了！老嫂子等了三年，已经等得不耐烦了。"刘伶睁开双眼，打了个哈欠，慢慢地坐了起来。妻子赶快上前把他从棺材里扶了出来。杜康在一旁笑着说："你再不醒来，老嫂子就要和我拼命了！"刘伶不好意思地摆了摆手，就和妻子一同回家去了。从此，"杜康造酒醉刘伶"的故事就成为后世的美谈。

如今的杜康酒名扬海内外，而刘伶醉酒的故事无疑是它最好的广告

也有传说说杜康和刘伶后来都成了酒仙，远走高飞了。但杜康的酿酒技术和配方却在河南、山东、陕西一带流传下来。三国时期，魏武帝曹操在他《短歌行》一诗中写道："慨当以慷，忧思难忘；何以解忧，唯有杜康。"可见杜康酿酒名气之大。据说以后各朝代都将杜康的"龙涎酒"封为"龙宴酒"，只有在皇帝举行国宴的时候才允许动用。现在黄陵县生产的"龙宴酒"，据说就是根据民间流传的杜康酿酒的原配方加上现代的技术酿制而成，仍然保持了香美甘醇的特色。

（十一）拐角井水

传说黄帝正是靠着指南车才打败了蚩尤

有一次，黄帝和蚩尤发生了战争。蚩尤施展了惯用的迷雾阵。霎时间天地昏暗，分不清方向，军队更是无法前进。黄帝命应龙、力牧立即照着指南车所指方向迅速撤退。全军战士马不停蹄，翻山越岭，逃出迷雾阵，来到西龙山下（今黄陵店头川）。这时，正逢盛夏，毒辣的阳光之下，人人头上都像顶着一盆火。战士又渴、又饿、又累，兵乏马困，有人甚至还昏倒在地。应龙和力牧率兵来到拐角山下，命令士兵在原地休息，黄帝也随后赶到。可是苦于没有水，士兵们人人口干舌燥，到处找水。

有的士兵用石刀就地挖水，有的士兵用石斧到处砍石头寻水。可是水仍然没有找到。黄帝也急得团团转。应龙、力牧都劝黄帝坐下歇息，他们另想办法。一个又一个时辰过去了，可是水仍然没有找到。黄帝刚坐下，却呼地站了起来，他觉得刚才坐的这块石头特别凉，周身的汗水霎时间全消失了，反而冷得浑身打颤。黄帝弯下腰要将这块大石头搬起。谁料，石头刚刚搬开一条缝，一股清澈透明的泉水就从石头缝里冒出来，哗哗哗流个不停。黄帝大喊："有水了！"士兵一听有水了，赶忙前来帮助黄帝将这块石头搬开，水流更大了。士兵不顾一切，有的用双手盛水喝，有的就地趴在地上喝起来。水越流越大，很快就解了全军战士的口渴。军队不仅喝足了水，解了渴，而且觉得肚子也像吃饱了一样。

这时，突然又传来了军情紧急报告，说是蚩尤军队又追来了。敌人来势凶猛，看样子要和黄帝军队在西龙山下决一死战。黄帝问明了战事情况，命令应龙、力牧重新集合军队，把蚩尤军队引向东川，那里没有水源。黄帝和风后亲自带领了一支精锐军队，截断蚩尤军队的退路。应龙和力牧对蚩尤军队采

关于黄帝和蚩尤战争的故事，人们至今仍津津乐道

传说蚩尤有八只脚，三头六臂

取边打边退，诱敌深入的战法，将敌人引进东川。这时正当中午，火毒的太阳，晒得遍地生烟，扬起的尘土就像火星乱溅。蚩尤军队汗流浃背，咽喉就像冒火一般，又渴又饿，早已失去战斗力。而黄帝的军队由于喝足了拐角山下泉水，又觉得像吃饱了饭，人人精神焕发，个个斗志昂扬。两军交战，不到一个时辰，蚩尤军队就溃不成军，纷纷倒下。蚩尤发现形势不利，即命军队后退，企图逃跑。谁知，黄帝早已带兵断了他的退路。激战不到两个时辰，除了蚩尤带走的少数军队外，蚩尤余部全军覆没。

为了纪念这次胜利，黄帝命仓颉把西龙拐角山下这股泉水命名"救军水"。

相传，不知又过了多少年，发生了一次大地震，"救军水"一下子断流了，百姓都觉得奇怪。人们奔走相告，有人还求神打卦。唯有酿酒的大臣——杜康，整天趴在"救军水"泉边，面对干涸的水泉，号啕大哭。人们不解地问："你整天在这里哭什么？"杜康才告诉人们说："拐角山下的'救军水'，酿出来的酒不光是好喝，还能治病。现在水源断了，从哪里再寻找这么好的水酿酒呀!"黄帝知道此事,也觉得这是一大损失。最后,只好请来挖井能手——伯益。伯益问明了情况,对黄帝说:"经过这次大地震,水源很可能从地下走了。"他主张在原地挖一口井,或许能找见"救军水"。黄帝也赞同伯益的说法,于是就地挖井。果然,经过一个多月时间,井里出水了。人们吃后,都说不愧是"救军水"的味道,甘甜味美。杜康又用此水酿酒,酿出来的酒比原来的味道更好,气味更香。在伯益提议下,黄帝同意把这口井命名为"拐角井"。

据说,杜康就是用"拐角井"的水酿出的酒,才把刘伶醉倒。千百年来,流传在当地的民谣说:"店头有眼拐角井,井水可当烧酒饮;杜康用它醉刘伶,黄帝用它敬功臣。先民用它祭天地,拐角井水有神通。"轩辕酒过去远销陕甘宁,近销关中,1992年还在香港博览会上获得银质奖。

轩辕酒

帝陵传说

三 轩辕黄帝其人

祭拜黄帝的人络绎不绝

黄帝同炎帝并称为中华民族的始祖，是华夏部落联盟的领袖。黄帝因首先统一中华民族的伟绩而载入史册。他播种百谷草木，大力发展生产，创造文字，始制衣冠，建造舟车，发明指南车，定算数，制音律，创医学等，是开创中华民族古代文明的先祖。黄帝因此成为传说中远古时代华夏民族的共主，也成为了五帝之首。

黄帝的诞辰是农历三月初三，即上巳节，是汉族在水边饮宴、郊外游春的节日。中国自古有"二月二，龙抬头；三月三，生轩辕"的说法。

《史记·五帝本纪》记载："黄帝者，

黄帝陵

少典之子，姓公孙，名轩辕，黄帝居于轩辕之丘。"

大多数史学家认为，公元前 4856 年，在今河南新郑有个以龙为图腾的国家有熊国，君主名曰少典氏。他是伏羲帝和女娲帝直系的第七十七帝，也是黄帝的父亲。而黄帝就出生在有熊国的宫殿里（今河南新郑市北关轩辕丘）。

关于黄帝和他后妃的传说也有很多，但最有名的是黄帝和嫘祖的故事。

相传有一个春天，一位少女在桑园养蚕时，遇到黄帝。黄帝看到在她的身上穿着一

嫘祖木雕像

轩辕黄帝其人

079

清明时节祭祀嫘祖场景

件金色彩衣，闪着柔和的金光，地面上堆着一堆蚕茧。黄帝就问少女身上穿的是什么，少女就说了植桑养蚕、缫丝织绸的道理。黄帝听后，想起人们还在过着夏披树叶、冬穿兽皮，一年四季衣不蔽体的生活，感到这是一项大的发明，能让人民穿衣御寒。于是，他就与这位少女结为夫妻，让她向百姓传授育桑养蚕的技术。这位少女就是黄帝的正妃嫘祖。

黄帝封嫘祖为正妃之后，嫘祖就组织一大批女子上山育桑养蚕织丝。但很快又遇到了一个大难题，蚕养了很多，茧也产了不少，但抽丝和织帛却有了困难。就在

黄帝陵

这时，群女中有一个身材矮小、皮肤黝黑、面部丑陋的女子发明了缠丝的纺轮和织丝的织机。黄帝得知后，对此项发明大加赞赏，让她向众人传授技艺。后来在嫘祖的撮合下，黄帝娶了这位丑女，作为次妃，这位次妃被后人尊称为嫫母。

但据史料记载，黄帝除了正妃嫘祖，次妃嫫母外，还有两个次妃，她们分别是方雷氏和彤鱼氏。而在这四妃之外还有十嫔。

也有史书说黄帝有四妃十嫔。正妃为西陵氏，名嫘祖，她亲自栽桑养蚕，教民纺织，人称她为"先蚕"；次妃为方雷氏，名女节；

《养蚕缫丝图》

《列仙传》仅用五十余字便概述了黄帝的一生

又有次妃为彤鱼氏；最次妃名嫫母，长相丑陋，但德行高尚，深受黄帝的敬重。黄帝有二十五个儿子，其中十四人被分封得姓。这十四人共得到十二个姓，分别是：姬、酉、祁、己、滕、葴、任、荀、僖、佶、儇、衣。

其实黄帝一开始也只是普通人，后世才逐渐开始对黄帝进行神化。《庄子》中提到黄帝得道成仙，《列仙传》中的黄帝甚至能够驱使群仙。

四 黄帝传说

黄帝，姓公孙，名轩辕，出生于母系氏族社会。司马迁在《史记》里对黄帝是这样描写的："生而神灵，弱而能言，幼而徇齐，长而敦敏，成而聪明。"可见，黄帝从出生到成长就不是一般人物。他十五岁就被百姓拥戴当上轩辕酋长，三十七岁登上天子位。黄帝一生最重大的贡献就在于历经五十三战，统一了三大部落，建立起世界上第一个有共主的国家，成为中华民族第一帝。人类文明从此开始了。所以后世人都尊称轩辕黄帝是"人文初祖""文明之祖"。

　　相传轩辕黄帝的母亲叫附宝。传说有

轩辕庙正门"人文初祖"横匾

黄帝陵

一天晚上，附宝见一道电光环绕着一颗星星。随即，那颗星就掉落了下来，附宝由此感应而孕。怀胎二十四个月后，生下一个男婴，这就是后来的黄帝。黄帝长大后继承了有熊国君的王位。因他发明了轩冕，故称之为轩辕。又因他以土德称王，土色为黄，故称作黄帝。

相传黄帝即位的时候，有蚩尤兄弟八十一人，号称是神带的后裔。这八十一人全都是兽身人面，铜头铁额，不吃五谷，只吃河石。他们不服从黄帝的命令，残害黎庶，滥杀无辜。又制造兵器与黄帝为敌。黄帝遂顺民意，征召各路诸侯兵马讨伐蚩尤。历经

关于黄帝与蚩尤大战的传说早有古书记载

数战，也未能打败蚩尤，只好退兵。为此，黄帝忧心忡忡，日夜盼望能有贤哲辅佐他，以灭蚩尤。有一天晚上，他梦见大风吹走了天下的尘垢，接着一个人手执千钧之弩驱羊数万。黄帝醒来后，心觉奇怪，暗想：风，号令而为主；垢，是土解化清。天下难道有姓风名后的人吗？千钧之弩，是希望为能致远；驱羊数万群，是牧人为善，难道有姓力名牧的人不成？于是便派部下到处访寻这两个人。结果在海隅找到了风后，在泽边找到了力牧。黄帝以风后为相，力牧为将，开始大举进攻蚩尤。在涿鹿郊野，两军摆开阵势

轩辕黄帝与蚩尤之间的激战画面犹在眼前

大战。蚩尤布下百里大雾，三日三夜不散，
致使兵士辨不清方向，黄帝便令风后造指南
车。与此同时，西王母也派玄女前来，教风
后三宫秘略五音权谋之术。风后据之又演化
出遁甲之法。两军在冀州重新开战。蚩尤率
领魑魅魍魉，请风伯、雨师纵风下雨，命应
龙蓄水以攻黄帝。黄帝请来天下女魃于东荒
止雨，而北隅诸山黎士羌兵驱应龙至南极。
最后，黄帝的部队杀死了蚩尤，分尸葬于四

处，使之不得完尸。

后来，又有神农之后榆冈与黄帝争天下。黄帝以周鸟鹗、鹰颤为旗帜，以熊罴虎豹为前驱，与榆冈战于阪泉之野。历经三战，打败了榆冈。后来，又亲率兵马征伐各方不肯臣服的诸侯。前后共经五十二战，天下始归一统。于是黄帝划分州野，制礼兴乐，教化百姓。同时还发明各种器具用物，方便日用。其中，大臣曹胡发明了上衣，伯余造了下衣，於则做了鞋子。百姓们从此不再穿兽皮树皮。黄帝还依浮

黄帝与蚩尤战于涿鹿，终擒蚩尤而诛之

黄帝陵

黄帝在位期间，有诸多发明

叶漂于水上的道理做了舟船，共鼓又配上舟
楫行于水上。又根据转蓬的道理发明了车辅，
便利了交通。黄雍父发明了舂，黄帝接着又
令人制作了釜甑，使得百姓可以蒸饭烹粥。
以后又造屋室，筑城邑，使百姓不再巢居穴
处。黄帝又与岐伯作内外经，使百姓疾患得
以治愈。他还确定了天下万物的名称，划分
星度为二十八宿。以甲乙十天干纪日，以子
丑十二辰来纪月，而六旬为一甲子，如此又

使人们有了时空观念。当时的百姓"甘其食，美其服，乐其俗，安其居"，一派太平景象。

有一天，黄帝正在洛水上与大臣们观赏风景，忽然见到一只大鸟衔着卞图，放到他面前，黄帝连忙拜受下来。再看那鸟，形状似鹤，鸡头、燕嘴、龟颈、龙形、骈翼、鱼尾，五彩缤纷。图中之字是"慎德、仁义、仁智"六个字。黄帝从来不曾见过这鸟，便去问天老。天老告诉他说，这种鸟雄的叫凤，雌的叫凰。早晨叫是登晨，白天叫是上祥，傍晚鸣叫是归昌，夜里鸣叫是保长。

在我国古代，龙是神圣的形象

黄帝陵

河图洛书石刻

凤凰一出，表明天下安宁，是大祥的征兆。后来，黄帝又梦见有两条龙持一幅白图从黄河中出来，将图献给他。黄帝不解，又来询问天老。天老回答说，这是河图洛书要出的前兆。于是黄帝便与天老等游于河洛之间，沉璧于河中，杀三牲斋戒。此后便是一连三日大雾，又是七日七夜大雨。接着就有黄龙捧图自河而出，黄帝跪接过来。只见图上五色毕具，正是河图洛书。于是黄帝开始巡游天下，封禅泰山。他听说有个叫广成子的仙人在崆峒山，就前去向他请教。广成子说："自

黄帝回到缙云山修道

你治理天下后，云气不聚而雨，草木不枯则凋。日月光辉，越发地缺荒了。而佞人之心得以成道，你哪里有资格让我和你谈论至道呢？"黄帝回来后，就不再理问政事。自建了一个小屋，里边置上一张席子，一个人在那里反省了三个月。而后又到广成子那里去问道。当时广成子头朝南躺着，黄帝跪着膝行到他跟前，问他如何才能长生。广成子起身说："此间甚好！"接着就告诉他至道之精要："至道之精，窈窈冥

冥，至道之极，昏昏默默。无视无听，抱神
以静。形将自正，必静必清；无劳妆形，无
摇妆精，方可长生。目无所见，耳无所闻，
心无所知，如此，神形合一，方可长生。"
说完，广成子给了他一卷《自然经》。

黄帝向广成子问道后，又登过王屋山，
得取丹经。并向玄女、素女询问修道养生之

古代铜鼎

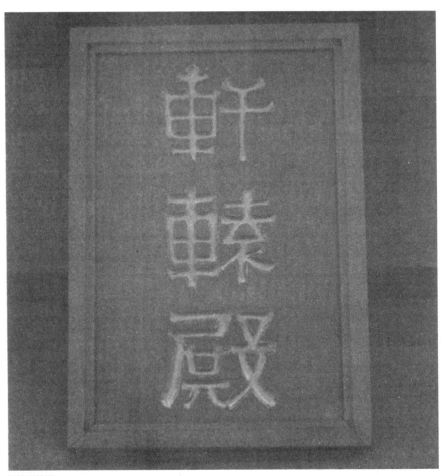

轩辕殿牌匾

法。而后，回到缙云堂修炼，他采来首山铜，在荆山下铸九鼎，鼎刚刚铸成，就有一条龙，长须飘垂来迎黄帝进入仙境。黄帝当即骑上龙身，飞升而去。有几个小臣也想随他升仙，便匆忙间抓住了龙须。结果龙须断了，这些小臣又坠落到地上。据说龙须草便是那些龙须变的。

五 炎黄子孙的传说

黄帝与炎帝都被看做是华夏民族的始祖

黄帝与炎帝都被看做是华夏民族的始祖，故中国人自称"炎黄子孙"。

据《史记》记载："黄帝二十五子，得其姓者十四人。"颛顼、帝喾、唐尧、虞舜，以及夏朝、商朝、周朝的君主都是黄帝的子孙。

关于黄帝的传说：据传他出生几十天就会说话，少年时思维敏捷，青年时敦厚能干，成年后聪明坚毅。建国于有熊（河南新郑），亦称为有熊氏。时蚩尤暴虐无道，兼并诸侯，当时的天下共主炎帝已经衰落，酋长们互相攻击，战乱不断，生灵涂炭。炎帝无可奈何，求助于黄帝。黄帝毅然肩负起安定天下的责任，与蚩尤战于涿鹿，双方的战士英勇无畏，战斗十分激烈。黄帝在大将风后、力牧的辅佐之下，终擒蚩尤而诛之，被诸侯尊为天子，并取代炎帝，成为天下的共主。

不久，天下又出现骚乱。黄帝知道蚩尤的声威还在，于是画了蚩尤的像到处悬挂。天下的人都以为蚩尤未死，只是被黄帝降服，更多的部落都来归附黄帝。

黄帝和炎帝是中国古代最早的两位帝王

炎黄子孙的传说

炎、黄二帝像

炎帝虽然被蚩尤打败，但实力尚存。他不满黄帝成为天下共主，企图夺回失去的地位，终于起兵反抗。炎、黄二帝发生火并，决战在阪泉之野。经过三场恶战，黄帝得胜。从此，黄帝天下共主的地位最终确立，号令天下。

黄帝在位时间很久，国势强盛，政治安定，文化进步，有许多发明和创造，如文字、音乐、历算、宫室、舟车、衣裳和指南车等。相传尧、舜、禹、汤等均是他的后裔，因此黄帝被奉为中华民族的共同始祖。

黄帝陵

六 黄帝的文化贡献

仓颉创造文字后，黄帝发明了天干地支历法

根据中国史书的记载，黄帝在炎帝之后，统一了中国各部落。他推算历法，教导百姓播种五谷，兴文字，作干支，制乐器，创医学。

纪时：黄帝以十天干配合十二地支纪年。从甲子、乙丑至癸亥，六十年为一周期，即沿用至今的农历。

数学：隶首作数，定度量衡之制。

军队：风后衍握奇图，始制阵法。

音乐：伶伦取谷之竹以作箫管，定五音十二律。

衣服：元妃嫘祖始养蚕缫丝制衣。

《养蚕缫丝画》

黄帝陵

仓颉造字台

医药：与岐伯讨论病理，作《内经》。

文字：仓颉始制文字，具六书之法。

铸造：采首山（今河南襄城县南）之铜

以造货币。

其他：舟车、弓矢、房屋等发明。

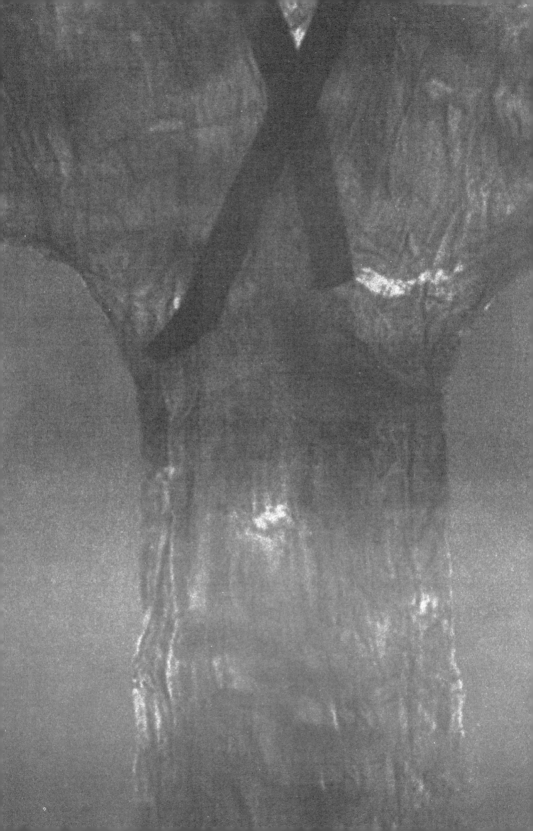

七 宗教中的黄帝

《庄子》书中多次以黄帝作寓言，反映了庄子的思想

黄帝是传说中的远古帝王，道教尊奉的古仙。其原型大概是华夏族一个酋长国首领，因其对本民族的发展有很大贡献，为后世长期传颂。但因其年代太久远，留下来的传闻大多扑朔迷离，难详究竟。可是至战国百家言黄帝时，许多人对那些传闻进行增纂，终于造就出一代帝王形象。据称，黄帝为有熊国君少典之子。曾败炎帝于阪泉，诛蚩尤于涿鹿，诸侯遂尊之为天子，代神农氏而为黄帝。接着，又立百官，制典章，命群臣造宫室，做衣裳，制舟车，定律历，文字、算术、音乐等皆相继发明，于是形成"田者不侵畔，渔者不争隈，道不拾遗，市不豫贾"的盛世局面。在百家塑造黄帝帝王形象同时，一些典籍又在塑造黄帝的仙人形象。《山海经·西山经》中已有"黄帝是食是飨"的记载，《庄子》中也多有关于黄帝访道、论道的记述。

秦汉方士更以黄帝为帝王成仙的样板，鼓动秦皇、汉武以之为楷模修炼长生。公孙卿更编造了一个有名的黄帝鼎湖升天的神话来鼓舞武帝学道修炼。可以说，历战国至汉初，黄帝基本上已具有帝王兼仙人的形象。

黄帝陵

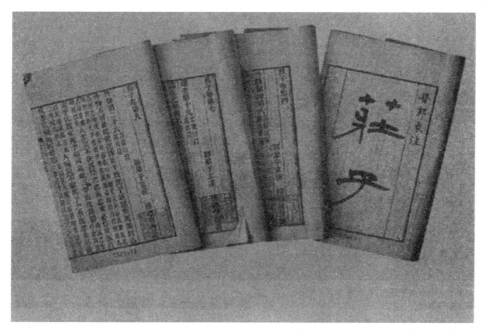

在道教形成初期，人们称其前身为黄老道，视黄帝与老子同为道教的祖师。张陵创立五斗米道，独尊老子为教祖，而尊黄帝为古仙人。由此遂被沿袭。所以此后道书仍然以黄帝为古仙人继续进行增饰。葛洪《抱朴子内篇·微旨》云：“黄老玄圣，深识独见，开秘文于名山，受仙经于神人，蹑埃尘以遣累，凌大遐以高跻，金石不能与之齐坚，龟鹤不足与之等寿。”同书《辩问》篇盛赞黄帝是自古以来唯一的治世而兼得道的圣人，曰：“俗所谓圣人者，皆治世之圣人，非得道之圣人，得道之圣人，则黄老是也。治世

老子对于黄帝给予肯定，多次在书中将他奉为圣
人以示后代

之圣人，则周孔是也。"

南北朝至隋唐间，续有史籍增益黄帝成仙事迹。《黄帝内传》又模仿《穆天子传》和《汉武帝内传》，编造西王母向黄帝讲道、授图像的故事，曰："王母授帝七昧之术。帝曰：何谓七昧？王母曰：目昧即不明，耳昧即不聪，口昧即不爽，鼻昧即不通，手昧即不固，足昧即不正，心昧即不真。但心不乱即真矣，目不昧即明矣，耳不昧即聪矣，……是知七昧其要在一，一之稍昧，六昧俱塞，则一身不治，近于死也。"又曰："王母饮帝以碧霞之浆，赤精之果，因授帝白玉像五躯，曰：

此则元始天尊之真容也。又授帝二仪本形图，还丹十九首。帝乃作礼，置于高观之上，亲自供养，后妃臣妾莫得睹之。其观上常有异色云气，奇香闻数百步，时人谓之道观，道观之号自此始也。"《云笈七签》卷三《道教所起》又称黄帝是灵宝经的传人，曰："今传灵宝经者，则是天真皇人于峨眉山授于轩辕黄帝。"唐僖宗广明二年（881年），王瓘对诸书所记黄帝修道事进行整理，成《广黄帝本行记》，是黄帝修道成仙的系统总结，称"黄帝以天下既理，乃寻真访隐，问道求仙"，于是历访诸山问道，最后道成，"有黄龙垂胡髯迎帝，帝乘龙天"。道教奉黄帝为古仙人，陶弘景《真灵位业图》称之为"玄圃真人轩辕黄帝"，列于第三中位太极金阙帝君之下的左位。道士多托黄帝之名以著书，现《道藏》除收医书古籍《黄帝内经》外，托名黄帝之《阴符经》是其最著名者。托名黄帝的方术书则更多，如述外丹术的有《黄帝九鼎神丹经诀》；论占卜的有《黄帝龙首经》《黄帝金匮玉衡经》《黄帝宅经》；论选择嫁娶吉日的有《黄帝授三子玄女经》；论杂法仙术的有《黄帝太乙八门入式诀》《黄帝太一八门入式秘诀》《黄帝太一八门逆顺

《黄帝内经》

黄帝陵

生死诀》等。

旧时一些地区尝建黄帝庙或轩辕庙，多以之为古仙而奉祀之。《山西通志》载有多处黄帝庙，其"一在曲沃县城中，明正统间里人掘地得古碑，……其阴赞文曰：'道德巍巍，声教溶溶，与天地久，亿万无穷。'因立庙。"河南、陕西等地亦有黄帝庙，《河南通志》载："黄帝庙有二，一在宜阳县西，一在阌乡县东南，世传轩辕黄帝铸鼎于此，故立庙焉。"

宰我从荣伊听到黄帝三百年的传说，问孔子，孔子并不相信，他回答是：黄帝生而民得其利百年，死而民得其利百年，亡而民用其教百年，所以说三百年。其实黄帝也是一个部落联盟，据《春秋命历序》记载，一共传十世，1520年（《易纬稽览图》年数同），周武王时封黄帝后代于祝。

道教所指称的黄帝大致有五种情况：一是中央央元灵元君，二是中央黄帝，二是日中黄帝，四是中岳黄帝，五是历史传说人物黄帝。这里所说的便是历史传说人物黄帝。

一说黄帝姓姬，号轩辕氏。《帝王世纪》："黄帝，有熊氏少典之子，姬姓也。

轩辕黄帝是古代杰出的领袖之一

母曰附宝。……附宝见大电光绕北斗枢，星照都野，感而有孕，孕二十四月，生黄帝于寿丘。"二说姓公孙。《云笈七签·轩辕黄帝》："轩辕黄帝姓公孙，有熊国少典之次子也。"称西王母遣女传《阴符经》三百言及兵符、图策等而战胜蚩尤，"黄帝以天下既理，物用俱备，乃寻真访隐，冀获长生久视"。

黄帝是中华民族古代领袖中最杰出的一位。相传古代帝王如尧、舜、禹及夏、商、周三代首领均为黄帝的后裔。黄帝曾居住在涿鹿，联合炎帝族打败了九黎族。其后黄帝与炎帝发生冲突，黄帝战胜炎帝而定居中原，奠定了中华民族的基础，故黄帝被公认为中华民族的始祖。据《史

黄帝战胜炎帝后定居中原

黄帝陵

记·封禅书》和《云笈七签·轩辕黄帝》记载：黄
帝且战且学仙，常游天下名山与神相会，修五
城十二楼以候神人，百余岁得；神通，于荆山
铸宝鼎成功即有龙垂胡髯以迎之。"黄帝上骑，
群臣后宫从上者七十余人"，他还"登崆峒山
见广成子问至道"，"东到青丘山见紫府先生
受《三皇内文》""南至青城山谒中黄丈人""登
云台山见宁先生受《龙跷经》"，问"正一之道"，
又"练石于缙云台"，"合符瑞于釜山，得不
死之道"。黄帝飞升后，为"太一君"，后来"享
之列为五帝之中方君也"，为中国历史传说中
之"五帝"。

黄帝曾居于轩辕之丘，故而得姓"轩辕"

黄帝最初的神职为雷神。《春秋·台诚图》
称黄帝起于雷电，并说："轩辕，主雷雨之神。"
然黄帝以雷神崛起后又为中央天帝，位为最尊。
《淮南子·天文训》："东方木也，其帝太皞，
其佐句芒，执归而治春；……方火也，其帝炎帝，
其佐朱明（祝融），执衡而牿夏；……中央土也，
其帝黄帝；……西方金也，其帝少昊，其佐蓐收，
执矩而治秋；……北方水也，其帝颛顼，其佐
玄冥（禺疆），执权而治冬。"大概黄帝最初和
风伯等都是神农氏诸侯。
《真灵位业图》中，排列神仙位次，黄帝
列在第三神阶的左位。

八 旅游胜地

黄帝源栈道

黄帝源是黄帝陵的又一壮丽景观，它是中华祖先轩辕黄帝游息之所，是世界自然和文化双遗产黄山的发源地。景区贯穿黄山轩辕峰至光明顶之下人迹罕至的云海之中。这里青山环抱，群山叠翠，古树参天，翠竹摇曳，溪水潺潺，峡谷怪潭。圣寺、古桥、驿道、书院等俯拾皆是，留下无数名人墨客的足迹，是集皇权神圣于自然神奇的风水宝地。

现在的黄帝陵已经成为著名的旅游胜地，黄帝城，又叫涿鹿故城，也叫轩辕城，它位于涿鹿县矾山镇三堡村北五十米处。根据《史记》记载，黄帝杀死蚩尤，降服炎帝后，"邑于涿鹿之阿"，即建都城于涿鹿山下的平地

黄帝陵

黄帝源一景

庄严肃穆的轩辕殿

黄帝陵

蚩尤、黄帝和炎帝都为后世文明作出了不可磨灭的贡献.png

之上。相传黄帝城就是黄帝所建华夏的第一都城。黄帝城为不规则方形夯土城，东西宽450—500米，南北长510—540米，残存城墙高5—10米，底厚约10米，顶厚3米左右。

遗址内还陆陆续续地发掘出了大量陶器、石器，均是距今五千年左右的仰韶文化和龙山文化的典型文物，与黄帝所处时代相一致。黄帝泉、蚩尤三寨、蚩尤坟、上下七旗等远古遗存至今保存尚好，为研究黄帝、炎帝、蚩尤人文三祖，提供了得天独厚的条件。由海外华人捐资兴建的中华三祖纪念堂，古朴凝重，向人们展示了黄帝、炎帝、蚩尤这三位人文始祖的伟大功绩，体现了中华民族的强大凝聚力。中华三祖堂采用唐代建筑

也许旅游的行程就此止步，但黄帝及其智慧留下
的影响却绵远悠长

风格，堂内塑有黄帝、炎帝、蚩尤三个大型塑像，并陈列有在涿鹿之野出土的石斧、陶纺轮、石镞等人类早期生产生活用品和战争兵器。墙壁上绘有涿鹿之战、阪泉之战、合符釜山、定都涿鹿四大历史事件的大型壁画。以黄帝城、黄帝泉、蚩尤寨、蚩尤泉为主要景点的中华三祖文化旅游区，正在吸引着越来越多的炎黄子孙来这里寻根祭祖。

黄帝陵